我最喜爱的名人故事(中英双语)

达·芬奇

作者：Lee Sang Kyo　　　绘者：Lee Hyoung Jin

西安交通大学出版社
XI'AN JIAOTONG UNIVERSITY PRESS

Dan was at an art **exhibition** with his mother.

"This is an exhibition **displaying** the works of Leonardo da Vinci, an Italian **artist**," she said to him. "Let's go inside."

As Dan was about to go in, he saw another boy.

"Who is that boy?" he wondered, "Is he here by himself?"

丹和妈妈一起参观画展。

"这是意大利画家列奥纳多·达·芬奇的画展。"妈妈对丹说,"我们进去吧。"

丹正要进去,突然看到一个小男孩。

丹心想:"他是谁啊?他是自己来的吗?"

✏️ Notes

Dan looked at the boy.

"Is this the way inside?" the boy asked Dan.

"Yes."

Suddenly, Dan **lost sight of** his mom.

"She must be **waiting for** me inside," he thought, as he followed the boy into the exhibition hall.

丹看着那个男孩。

"是从这儿进去吗？"小男孩问丹。

"是啊。"

突然，丹找不到妈妈了。

"妈妈一定是在里面等着我吧。"丹边想边跟着小男孩走进展厅。

Notes

The exhibition hall was darker than Dan had **imagined**

"Where is mom?"

While Dan was looking for his mom, the other boy walked slowly to look at the paintings. Sometimes he would stop and **stare at** a painting for a long time. Sometimes he would smile happily at a painting.

"He must enjoy painting a lot," Dan thought.

展厅里比丹想象中的还要昏暗。

"妈妈在哪儿呢？"

当丹四处张望找妈妈的时候，小男孩慢慢向前走着，欣赏墙上的画作。有时候他会停下来盯着一幅画看很久，有时候又会对着一幅画开心地微笑。

"他一定很喜欢画画。"丹心想。

Notes

As Dan walked around the corner of the exhibition hall, he saw a man standing in front of a large painting talking to the boy.

"Oh, Da Vinci! What a **surprise**!" the man said to the boy.

"That boy is Leonardo da Vinci?" Dan stared at the boy. All of a sudden, the boy became a **grown-up** man.

"Teacher Verrocchio!" Da Vinci **greeted** and hugged his teacher.

走到展厅转角处时，丹看到一个人站在一大幅画作前面跟小男孩说话。

"达·芬奇，真巧啊！"那个男人对小男孩说。

"那个小男孩就是达·芬奇?"丹盯着那个小男孩。眨眼间，小男孩竟然变成了大人。

"韦罗基奥老师！"变成大人的达·芬奇问候并拥抱自己的老师。

✏️ Notes

Notes

"Da Vinci, do you remember this painting?"

"Yes, of course," said Da Vinci, smiling.

"You drew the face of one of these two **angels**, as well as the clear water and the **landscape** in the back." Da Vinci nodded and smiled.

"You showed great **talent** in painting!"

"达·芬奇，还记得这幅画吗？"

"噢，我当然记得。"达·芬奇微笑着回答。

"其中一个天使的脸是你画的，还有这清澈的溪水和朦胧的背景。"达·芬奇微笑着点点头。

"你很有画画的天分！"

✎ Notes

* 老师所说的画作名叫《基督的洗礼》，是1472~1475年间达·芬奇和老师韦罗基奥共同创作的。

Da Vinci soon left Verrocchio, and walked to a different piece. Dan followed him closely.

"Haha, these old men look very **unusual**," Dan said.

"Is that very strange?" Da Vinci asked. "I thought drawing **odd** faces was just as **important** as drawing good-looking ones."

很快，达·芬奇告别了老师，走到另一幅画作前面。丹紧紧跟着达·芬奇。

"哈哈，这些老爷爷长得真奇怪。"丹说。

"很奇怪吗?"达·芬奇问，"我认为画出奇怪的表情和画出好看的表情一样重要。"

✿ Notes

＊此处讲的是达·芬奇1490年的作品《五人滑稽图》的草图。

Da Vinci led Dan to another painting.

It was a drawing of a **naked** man in two positions. The man was **stretching** out his arms.

"Try to stretch out your arms like this," Da Vinci said.

达·芬奇带着丹走到另一幅画作前。

画上是一个裸体男人两种姿势的重叠影像，手臂向两边伸展。

"你也试着像这样把手臂向两边伸开。"达·芬奇说。

⬦ Notes

* 这幅画作是达·芬奇1485年的作品《维特鲁威人》。

Dan did as Da Vinci told him, stretching out his arms.

"The **length** of your stretched arms is **equal** to your **height**."

As Dan looked up, he saw an old man standing in front of him, smiling. The color of the old man's hair and eyes both look like Da Vinci's.

丹按照达·芬奇说的伸开双臂。

"两臂伸展开来的长度正好等于你的身高。"

丹抬头看见一位老爷爷笑着站在他前面，头发和眼睛的颜色都很像达·芬奇。

Notes

The old, bearded Da Vinci held Dan's hand and took him to another painting. In the painting, a man named Jesus was sitting in the middle of a long table, and twelve men were sitting on his two sides.

"Which person do you think **betrayed** Jesus?"

"I am not sure."

"Look at this man. From his action and expression you can see that he was very **anxious**."

Old Da Vinci tried to use a person's expression and action to **portray** his emotions and feelings.

脸上长满胡子的达·芬奇拉着丹的手，来到另一幅画作前面。画上有一张长长的桌子，桌子中央坐着耶稣，两边坐着他的十二名弟子。

"你认为是哪个弟子背叛了耶稣？"

"我不知道。"

"你看这个人，从他的动作和表情可以看出他非常焦虑不安。"

达·芬奇试着通过人物外在的表情和动作来表现人物的内心世界。

✏️ Notes

✎ Notes

"But Da Vinci, this painting has some parts missing." The paint had fallen away in many places.

"I painted this on a dining room wall in a **church** in Milan, and I used oil and egg with watercolor." He explained to Dan about the painting method he invented. "Perhaps because of the egg, the watercolor was poor. I wanted to create a great painting, but ended up ruining it."

"But, it was still one of my greatest **masterpieces**."

"可是,达·芬奇,这幅画好像有些褪色了。"画中有多处颜色剥落的痕迹。

"这是我画在米兰一家教堂的餐厅墙上的画,我把油彩和蛋与水彩混合起来使用。"达·芬奇向丹介绍自己发明的绘画方法,"可能是因为蛋的缘故,水彩被腐蚀了。我原本想创作一幅佳作,结果却毁了它。"

"但是它依然是我最好的作品之一。"

✏️ Notes

The old man took Dan's hands and went upstairs.
His hand was warm yet strong.

达·芬奇牵着丹来到楼上。他的手温暖而有力。

✎ Notes

"Da Vinci, is this a painting of shoulder and arm?"

"Look at this painting. To draw such a stretching **elbow** you must spend a long time practicing drawing bone **structures**."

"达·芬奇，这个画的是肩膀和手臂吗？"

"你看这幅画，要想描绘像这样拉伸的肘部，必须大量练习绘画骨骼构造。"

✎ Notes

＊此处讲的是达·芬奇未完成的画作《圣哲罗姆像》(约1480年)。

"Do you like cats, Da Vinci?"

"I drew things because I was interested in them, but not necessarily because I **particularly** liked them."

Da Vinci explained how he would walk around alone all day and try to remember what he saw so he could draw them when he **returned** home.

"达·芬奇，你很喜欢猫吗？"

"我画的都是我所感兴趣的东西，并不是因为特别喜欢才画的。"

达·芬奇对丹说，他经常一个人到处游玩，尽量记住所见到的一切，这样回家以后才能画出来。

Notes

＊此处讲的是达·芬奇1513~1515年间完成的素描《猫、龙和其他动物》。

"I have seen a lot of flowers, but never seen any like these. Are they real?"

"Yes! I kept **journals** full of sketches and drawings. I loved to draw all the **details** I saw in the world around me."

　"我见过很多花，但从没见过这样的花。它们是真的吗？"

　"是真的啊！我的日记本上画满了素描和草图。我喜欢用画笔详细记录周围的一切事物。"

✎ Notes

＊此处讲的是达·芬奇1506年完成的作品《佰利恒之星和其他植物》。

When they stopped by the window, a lady looked at Da Vinci with a smile.

"Mona Lisa!" Da Vinci greeted her.

Although the lady did not wear any **jewelry** or makeup, her **faint**, **delicate** smile showed her as beautiful and warm.

他们走到窗前，一位夫人微笑着看着达·芬奇。

"蒙娜丽莎！"达·芬奇向她打招呼。

虽然这位夫人没有佩戴任何珠宝，也没有化妆，但是她浅浅的、优雅的微笑使她看起来既美丽又亲切。

Notes

"Hello!"
Mona Lisa greeted Da Vinci.

"您好！"
蒙娜丽莎夫人向达·芬奇问好。

✏️ Notes

"She is the model of my painting *Mona Lisa*."

"Hello!" Dan said shyly.

Mona Lisa went back into the painting, smiling at everybody.

"It looks as if her smile will never fade."

Dan and Da Vinci both smiled.

"她就是我的作品《蒙娜丽莎》的模特儿。"

"您好!"丹害羞地说。

蒙娜丽莎悄悄回到画中,微笑地看着大家。

"蒙娜丽莎夫人的微笑好像永远也不会消失似的。"

丹和达·芬奇同时露出了微笑。

Notes

＊此处讲的是达·芬奇1503~1506年间完成的作品《蒙娜丽莎》。

"The light is shining in through the curtains." Dan looked at where Da Vinci was pointing. "If there was no light, what would this world become?"

"It would be completely dark, right?"

"Yes, and people would not know the difference between brightness and darkness. We would also be unable to see the beautiful colors. It is great that there is light in this world!"

"阳光是透过窗帘照进来的。"丹抬头看向达·芬奇所指的地方，"如果世界上没有阳光，那会变成什么样子呢？"

"一定是漆黑一片，对吗？"

"是啊，那样人们就不会知道光明和黑暗的区别，也无法看到美丽的颜色了。世界上有阳光真是一件美好的事啊！"

Notes

Dan followed Da Vinci back downstairs.

"When I was young, I once went in front of a giant cave."

"Were you afraid?" Dan asked.

"I was very curious about what was inside the cave. So I left my **frightened** friend at the entrance and went inside myself. I was so curious about the world that I would walk around myself whenever I could. This way, when I saw something new, I could record it in my notebook or draw it on paper."

Perhaps because of this **curiosity**, Da Vinci achieved great things in drawing, science, music, **architecture**, and **mathematics**.

接着，丹跟着达·芬奇回到楼下。

"年轻的时候，我曾经来到一个巨大的山洞前。"

"你害怕吗？"丹问道。

"我只是很想知道山洞里到底有什么东西，于是我把胆怯的朋友留在洞口，自己走进山洞。我对这个世界充满了好奇，一有机会就喜欢自己出去走走。就这样，一发现新的东西，我就把它记在本子里或画在纸上。"

也许就是因为有着强烈的好奇心，所以达·芬奇才能在绘画、科学、音乐、建筑以及数学等领域取得非凡的成就。

Notes

"Dan!" When mother saw Dan leaving the exhibition, she called him.

"Mom!"

"Where have you been? I was looking everywhere for you!" She hugged Dan tightly.

"丹！"妈妈看到走出展厅大门的丹，大声叫住他。

"妈妈！"

"你去哪儿啦？我到处找你！"她紧紧抱住丹。

✎ Notes

"Da Vinci showed me around the exhibition!"

"Who are you talking about?" Mom did not see anybody.

"Da Vinci. Over there! Bye, Da Vinci!" Dan waved towards the exhibition hall. Da Vinci waved back.

"Who are you waving at? Let's go now." Mom smiled as she held Dan's hand.

"达·芬奇带我参观了画展！"

"你说谁？"妈妈什么都没看到。

"达·芬奇。他在那儿！达·芬奇，再见！"丹朝展厅方向挥了挥手，达·芬奇也向丹挥手道别。

"你在向谁挥手啊？快点走吧。"妈妈微笑着牵起丹的手。

✏️ Notes

认识一下小虎、小兔和鹦哥吧!

小虎

我是只胆小的虎崽儿。虽然小兔常常笑我是胆小鬼,但我认为那是我待人亲切、做事小心的缘故。别看我总是被小兔捉弄,其实那是我让着它。

小兔

我是只豪爽活泼的小兔子。我有漂亮的粉红色的毛,有明快的性格,这些让我显得魅力十足哟。捉弄小虎的时候我最开心了。话虽这么说,其实呀,我最能包容小虎了。

鹦哥

我是聪明能干的鹦鹉。不管小虎和小兔有什么不明白的,我都能给它们讲明白。这是因为我从小到大读了很多书,知识才这么丰富。一句话,我就是个问题解答专家。

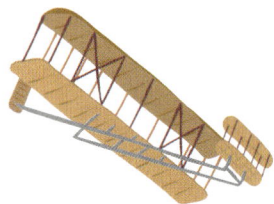

益智游戏开始啦！

向达·芬奇学习

只要看过达·芬奇留下的作品或日记，就会想更深入地认识他。现在通过达·芬奇周围的人开始认识他吧！

他们是达·芬奇的父亲皮埃罗德·安东尼和母亲卡特琳娜。如果我能见到他们，我会问他们……

他是达·芬奇的老师韦罗基奥，是当时很有名的画家。达·芬奇跟着他学习绘画和雕刻。如果我能见到韦罗基奥，我会问他……

他是伟大的艺术家米开朗基罗，是画家又是有名的雕刻家、建筑家和诗人。他可以说是达·芬奇最强的竞争对手。我想问米开朗基罗……

他是达·芬奇的好朋友兼学生梅尔奇。达·芬奇去世以后，梅尔奇继承他的作品和原稿。我想问梅尔奇……

我是达·芬奇。
如果想了解我，
就问我的亲朋好友吧！

天才达·芬奇

达·芬奇是多才多艺的天才，在很多领域都展现了才能。仔细阅读这两页的文字说明，在正确的说明旁贴上手举○的小虎贴纸，在错误的说明旁贴上手举╳的小兔贴纸。

画家达·芬奇

达·芬奇涉足许多领域，其中以绘画最出名。这是达·芬奇在1470～1471年间独立完成的第一幅画作《天使报喜》，目前收藏于意大利佛罗伦萨的乌菲兹美术馆。

这是以神秘的微笑闻名全球的名画《蒙娜丽莎》。亲眼欣赏到这幅作品的人，都会为达·芬奇的绘画天才而惊叹不已。

粘贴处

这是达·芬奇和恩师韦罗基奥一起创作的作品，据说达·芬奇负责创作后面的背景。

粘贴处

好奇心很强的达·芬奇

据说达·芬奇对解剖学很感兴趣，他觉得如果能详细了解人体的构造和比例，就能画得更真实，所以才学习解剖学。

粘贴处

达·芬奇从小就对神秘的大自然感到好奇，但是他认为过于详细地描绘植物，就不能凸显主角，所以画植物时经常草草完事。

粘贴处

达·芬奇还亲手设计建筑物，是一位非常优秀的建筑家，当时的建筑设计图仍保存至今。

粘贴处

达·芬奇虽然是多才多艺的天才，但是对音乐不感兴趣，也不会演奏乐器。

粘贴处

达·芬奇对机械也很感兴趣，对于发条、齿轮、水车和风车等机械的基本结构都了如指掌。

粘贴处

欣赏《最后的晚餐》

提到十三个人围坐在餐桌旁的画作，你会联想到哪一幅画？大部分人都会回答《最后的晚餐》。现在就来认识《最后的晚餐》，并为它制作一个画框吧！

《最后的晚餐》，1495～1498年，意大利米兰圣玛利亚感恩教堂餐厅

图中描绘耶稣和十二名门徒共进最后的晚餐。坐在中央的耶稣静静地对门徒说："你们当中有人会背叛我。"而惊讶的门徒正大声嚷嚷着，好像在说自己绝对不会背叛耶稣。耶稣平静的表情和大声争吵的门徒是不是形成了强烈的对比？

背叛耶稣的门徒是谁呢？你看见坐在耶稣右手边身体靠着餐桌的人了吗？他的面部表情格外阴沉，他就是背叛者犹大。

制作画框

　　沿着裁切线剪下《最后的晚餐》，拿出所附的画框，把中间的白色框取下，留下四周边框，从后方贴上去，就完成了《最后的晚餐》这幅作品的画框。

想象故事情节

　　这幅作品名叫《天使报喜》，内容是描述报喜天使加百列来找玛利亚，告诉她她即将怀孕生子的预言。天使举起右手祝福玛利亚，而玛利亚却感到吃惊。

　　想一想天使到底对玛利亚说了些什么，把它写出来！

天使加百列　　我是受上帝之托来找你的，上帝说你将怀孕生子。

玛利亚　　是真的吗？我不敢相信。

天使加百列

玛利亚

天使加百列

玛利亚

露出神秘微笑的"蒙娜丽莎"

《蒙娜丽莎》堪称达·芬奇的代表作，先了解《蒙娜丽莎》，再来改变蒙娜丽莎的形象吧！

《蒙娜丽莎》，1503～1506年，法国巴黎卢浮宫博物馆

　　据说世界上最美丽的微笑就是这位安静、高雅的夫人的微笑，而且画中背景越靠近地平线，就越显得朦胧和模糊，既神秘又写实。

　　看着蒙娜丽莎的脸，是不是觉得有点奇怪呢？或许是因为她的脸上没有眉毛。有些人想，是不是达·芬奇忘记画眉毛了？很多人认为他是故意不画眉毛，因为当时宽额是美女的标准，所以蒙娜丽莎的眉毛是自己故意剃掉的。

蒙娜小蜜蜂

蒙娜丽莎一瞬间变成了蒙娜小蜜蜂，替她涂上美丽的颜色吧！

美丽的《圣母子和圣安妮》

达·芬奇画这幅《圣母子和圣安妮》花了很长时间。在他完成这幅画以后一直到去世前，不管走到哪里都始终带着它，在意大利和法国过着四处旅行的生活。认识《圣母子和圣安妮》以后，来玩拼图吧！

《圣母子和圣安妮》，1510～1513年，法国巴黎卢浮宫博物馆

　　画面中坐在圣安妮膝盖上的圣母玛利亚正要抱起婴孩耶稣，三个人物组成稳定的三角形结构。

　　婴孩耶稣手中的羔羊象征将在十字架上牺牲的耶稣。玛利亚向耶稣伸出手则是代表她将把耶稣从悲剧命运中拯救出来。

翻来覆去玩双面拼图

你见过正面是《圣母子和圣安妮》，背面是《蒙娜丽莎》的拼图吗?沿着裁切线剪下，并把拼图正确地拼出来吧!

大家来找碴

你是不是很想到美术馆欣赏达·芬奇的作品呢？这两张图看似完全一样，却有五个不同的地方，快圈出来吧。

哈哈哈，
我已经找到了！
你呢？加油！

艺术迷宫

迷宫里放着许多达·芬奇的作品，沿着他的作品走出迷宫吧！

我想知道正确的答案

38~39页

天才达·芬奇

达·芬奇是多才多艺的天才，在很多领域都展现了才能。仔细阅读这两页的文字说明，在正确的说明旁贴上手举〇的小虎贴纸，在错误的说明旁贴上手举✕的小兔贴纸。

画家达·芬奇

达·芬奇跨足许多领域，其中以绘画最出名。这是达·芬奇在1470～1471年间独立完成的第一幅画作《天使报喜》，目前收藏于意大利佛罗伦萨的乌菲兹美术馆。

这是以神秘的微笑闻名全球的名画《蒙娜丽莎》。亲眼欣赏到这幅作品的人，都会为达·芬奇的绘画天才而惊叹不已。

这是达·芬奇和恩师韦罗基奥一起创作的作品，据说达·芬奇负责创作后面的背景。

好奇心很强的达·芬奇

据说达·芬奇对解剖学很感兴趣，他觉得如果能详细了解人体的构造和比例，就能画得更真实，所以才学习解剖学。

达·芬奇从小就对神秘的大自然感到好奇，但是他认为过于详细地描绘植物，就不能凸显主角，所以画植物时经常草草完事。

达·芬奇还亲手设计建筑物，是一位非常优秀的建筑家，当时的建筑设计图仍保存至今。

达·芬奇虽然是多才多艺的天才，但是对音乐不感兴趣，也不会演奏乐器。

达·芬奇对机械也很感兴趣，对于发条、齿轮、水车和风车等机械的基本结构都了如指掌。

38

39

画家达·芬奇

达·芬奇和韦罗基奥一起创作的是《基督的洗礼》，题目中的画作《最后的晚餐》是他画在意大利圣玛利亚感恩教堂餐厅墙上的作品。

好奇心很强的达·芬奇

达·芬奇从小开始就对大自然感到好奇，就算是画植物也会仔细观察它们的特征和形状，而且画得很仔细。

达·芬奇的音乐造诣也很高，很会演奏古代拨弦乐器里拉。

达·芬奇认为只要好好研究鸟类的身体构造，利用它来设计飞行机械，就能让人在天上飞翔。

大家来找碴

你是不是很想到美术馆欣赏达·芬奇的作品呢？这两张图看似完全一样，却有五个不同的地方，快圈出来吧。

哈哈哈，我已经找到了！你呢?加油!

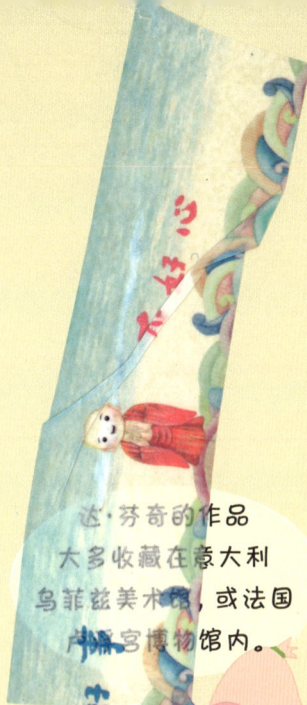

49

达·芬奇的作品大多收藏在意大利乌菲兹美术馆，或法国卢浮宫博物馆内。

艺术迷宫

迷宫里放着许多达·芬奇的作品，着他的作品走出迷宫吧!

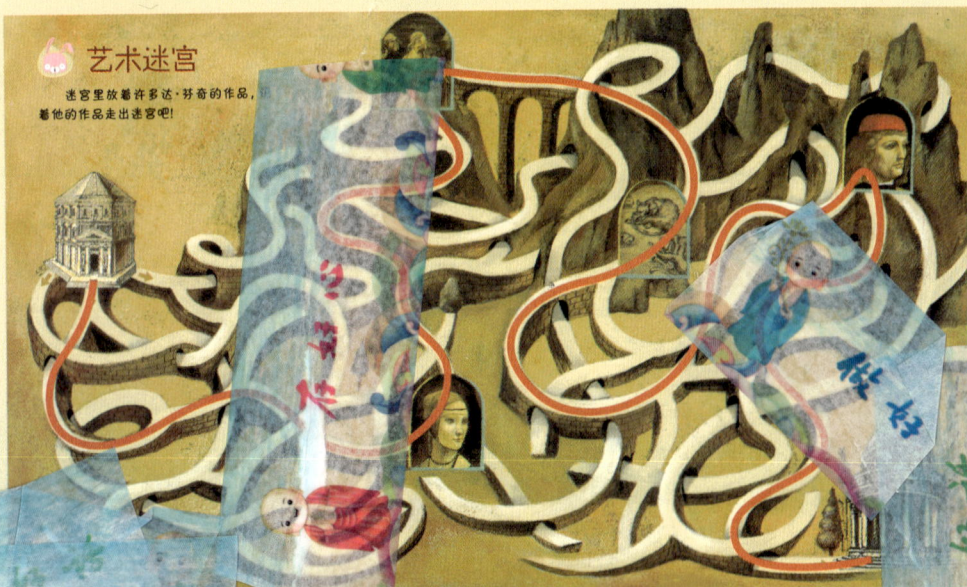

迷宫里是模仿达·芬奇作品的画作，50页上面的画是《岩间圣母》，下面是《抱白貂的女人》，51页上面的素描是《猫、龙和其他动物》，右边则是《音乐家的肖像》。

生词表

P2

exhibition [ˌeksɪ'bɪʃn] *n.* 展览会，展览品
display [dɪ'spleɪ] *v.* 陈列，展览
artist ['ɑːtɪst] *n.* 画家；艺术家

P5

suddenly ['sʌdənli] *adv.* 突然
lose sight of 看不见
wait for 等待

P6

imagine [ɪ'mædʒɪn] *v.* 想象，设想
stare at 凝视，盯着看

P9

surprise [sə'praɪz] *n.* 惊喜；惊奇
grown-up [ˌɡrəʊn'ʌp] *adj.* 已长成的
greet [ɡriːt] *v.* 问候，向…致意

P11

angel ['eɪndʒl] *n.* 天使
landscape ['lændskeɪp] *n.* 风景；前景
talent ['tælənt] *n.* 天才，才干

P12

unusual [ʌn'juːʒuəl] *adj.* 与众不同的，不寻常的
odd [ɒd] *adj.* 奇怪的，怪异的
important [ɪm'pɔːtnt] *adj.* 重要的

P14

naked ['neɪkɪd] *adj.* 裸体的
stretch [stretʃ] *v.* 伸展

P15

length [leŋθ] *n.* 长度
equal ['iːkwəl] *adj.* 相等的

height [haɪt] *n.* 身高，高度

P16

betray [bɪ'treɪ] *v.* 出卖，背叛
anxious ['æŋkʃəs] *adj.* 焦虑的
portray [pɔː'treɪ] *v.* 描绘，表现

P19

church [tʃɜːtʃ] *n.* 教堂
masterpiece ['mɑːstəpiːs] *n.* 杰作，名著

P21

elbow ['elbəʊ] *n.* 肘部
structure ['strʌktʃə(r)] *n.* 构造

P22

particularly [pə'tɪkjələli] *adv.* 特别地
return [rɪ'tɜːn] *v.* 回来，返回

P23

journal ['dʒɜːnl] *n.* 日记
detail ['diːteɪl] *n.* 细节，详情

P24

jewelry ['dʒuːəlri] *n.* 珠宝
faint [feɪnt] *adj.* 浅的，暗淡的
delicate ['delɪkət] *adj.* 优雅的，精致的

P28

curtain ['kɜːtn] *n.* 窗帘
completely [kəm'pliːtli] *adv.* 完全地

P30

frightened ['fraɪtnd] *adj.* 胆怯的
curiosity [ˌkjʊəri'ɒsəti] *n.* 好奇心
architecture ['ɑːkɪtektʃə(r)] *n.* 建筑学
mathematics [ˌmæθə'mætɪks] *n.* 数学

作者简介

作者：Lee Sang Kyo

从小喜欢画画，长大想成为画家。每次看到达·芬奇的画作就很感动。曾荣获韩国童话文学奖、世宗儿童文学奖。主要著作有《溜冰的医生》、《兔子值日生》、《小屋》等。

绘者：Lee Hyoung Jin

小时候喜欢静静观察小草和大树，还喜欢自己动手做一些小玩意，对世界的许多事物感到好奇，现在则用绘画和写作来表达这些好奇心。主修美术设计，利用多样的技法来创作童话插图。主要作品有《甲洙为什么出糗》和《小猫》等，自己写作和创作插图的作品有《你好》系列、《抓老鼠》、《小爱和奇异果》等。

我要像达·芬奇一样创作

图书在版编目(CIP)数据

我最喜爱的名人故事. 第1辑：英文／（韩）张世弦等
著. —西安：西安交通大学出版社，2009.8
ISBN 978-7-5605-3214-1

Ⅰ. 我… Ⅱ. 张… Ⅲ. 英语—儿童读物 Ⅳ. H319.4

中国版本图书馆 CIP 数据核字（2009）第 146853 号

版权登记：陕版出图字 25 - 2008 - 019 号

书　　名	**我最喜爱的名人故事. 第1辑**
编　　著	（韩）张世弦　等
译　　者	林嘉渼
责任编辑	黄科丰　李　强
封面设计	贾臻臻
出版发行	西安交通大学出版社
地　　址	西安市兴庆南路 10 号（邮编：710049)
电　　话	(029)82668357　82667874(发行部)
	(029)82668315　82669096(总编办)
读者信箱	bj62605588@163.com
印　　刷	北京朝阳新艺印刷有限公司
字　　数	22 千字
开　　本	787mm×1092mm　1/16
印　　张	3.5
版　　次	2009 年 9 月第 1 版　2009 年 9 月第 1 次印刷
书　　号	ISBN 978-7-5605-3214-1/H·952
本辑总价	178.20 元（本册定价：19.80 元）